Clara
Brown

African-American Pioneer

Clara Brown

African-American Pioneer

by Suzanne Frachetti

Filter Press, LLC
Palmer Lake, Colorado

Clara Brown:
African-American Pioneer
by Suzanne Frachetti

Published by Filter Press, LLC, in cooperation with
Denver Public Schools and Colorado Humanities

ISBN: 978-0-86541-124-1
LCCN: 2011924864

Produced with the support of Colorado Humanities and the
National Endowment for the Humanities. Any views, findings,
conclusions, or recommendations expressed in this publication
do not necessarily represent those of the National Endowment
for the Humanities or Colorado Humanities.

Cover photograph courtesy Denver Public Library, Western
History Collection, Z-275.

Printed in the United States of America

Great Lives in Colorado History Series

For information on upcoming titles,
contact *info@FilterPressBooks.com*.

Contents

Clara Brown came to Colorado in 1859. At one time, she was one of the wealthiest women in Colorado. She gave her money to people in need.

A Caring Woman

Long before she came to Colorado, Clara Brown watched her husband and three children sold like farm animals to different owners. Would she ever see her family again? She was a **slave** with no education or power. How could she ever hope to find them? She could have become angry and unhappy. She could have spent the rest of her life sad and lonely and without hope. However, Clara was a caring woman with a strong faith in God and a desire to help others. She used her skills and talents to make a better life for herself and people around her. She never lost hope that she would find her loved ones again.

Early Life

Clara was born a slave in Virginia around the year 1800. She was never certain of the date, since slaves did not have birth certificates. When she was about three years old, a farmer named Ambrose Smith bought Clara and her mother. They moved with his family to Kentucky. She never saw her father or brothers and sisters again.

By the age of 10, Clara had learned to cook supper, sew and wash clothes, and help with farm chores. She was a hard worker. She was eager to learn and help. The Smith family was kind to their slaves. They grew to like Clara. They even took Clara and her mother to church with them on Sundays. Most slaves were not allowed to go to church. When she was a child, Clara thought she heard God speak to her at a church meeting. From then on, Clara believed that God would help her with any problem she faced in her life. When Clara was 18 years old, she married another slave named Richard. They had four children—Richard Jr., Margaret, and twins Eliza Jane and Paulina Ann. The family was happy even though they were not free. They felt lucky that their owners treated them better than most slaves were treated. Unlike the Smiths, many slave owners treated their slaves badly. The people who were born into slavery had no control over their lives or who would own them.

Tragic Changes

A terrible thing happened to Clara in 1833. Her daughter Paulina Ann drowned while playing in a creek. She was eight years old. Clara was sad and prayed to God that she would feel better.

Two years after Paulina Ann's death, Clara's life changed forever. Her owner, Ambrose Smith, died. His family had to sell the farm and all the slaves. Slave families were almost never sold together. Instead, they were sold separately to bring the most profit. First, Clara watched as her daughter Margaret was sold. Next, a man from the South bought Clara's husband and oldest son. Finally, her youngest daughter, 10-year-old Eliza Jane, was sold. Her new owner put her into a cart with the other items he bought. Clara didn't know how to deal with the terrible sadness of losing her family. Once again, she prayed to God for strength and comfort.

George Brown was Clara's new owner. He was a wealthy man and a friend of Ambrose Smith. The Brown family grew to respect Clara because she worked hard and was a kind person. While she was with them, Clara became known as "Aunt Clara." Slave owners often called their favorite female slaves "aunt" or "auntie." With the Brown's help, Clara learned that her oldest daughter, Margaret, had become sick and died. However, the Browns could not find Eliza Jane or any information about Clara's husband and son.

In 1856, George Brown died, and Clara was granted her **freedom papers**. Like most slaves, she adopted her owners' last name, Brown. At the age of 56, she began her life all over again.

Freedom

Even though she was free, Clara was not allowed to live as freely as a white person. Freed slaves had to obey special laws. One law stated that freed slaves had to leave Kentucky before one year passed. If they didn't leave, they would be sold into slavery again. So Clara worked as a paid housekeeper for friends of the Browns in St. Louis, Missouri. Later, she moved with that family to Kansas. Wherever she went, she asked people if they had seen Eliza Jane. In Kansas, a **slave-free territory**, Clara heard stories about slave traders who kidnapped freed slaves and took them back to slave states to sell. Clara did not want that to happen to her. In April 1859, she joined a group of wagons traveling together, known as a wagon train, going west to Colorado. When news spread east about gold found in the Rocky Mountains, thousands of people left their homes to make the hard journey

Clara Brown traveled from Kansas to Denver with a wagon train in 1859. She walked alongside and slept under a wagon at night. It was against the law for her, or any African American, to buy a ride on the wagon train. The trail boss let her cook and do laundry for the men to pay her way.

west in hopes of becoming rich. Clara wasn't interested in gold, but she did see a chance to search for her daughter in a safer place.

Traveling with a wagon train in 1859 cost around $550, which was a lot of money at that time. Even if Clara had the money, it was against the law for a black person to pay for a ticket to ride any public transportation. However, Clara made up her mind to go and thought of a plan. A wagon train boss let her cook and do laundry for the men on the train to pay for her ticket. Clara was on her way.

On the Pioneer Trail

Life on the wagon train was hard. Women and children slept in the wagons. Men slept on the ground outside. As a black woman, Clara was not allowed to sleep in the wagons. Most nights, she slept on the ground under a wagon. Many travelers, including Clara, walked beside the wagons all day. Clara woke up at 4:00 a.m. to cook breakfast for about 26 men and wash and pack up the dishes.

The wagons were on the trail by seven o'clock. They stopped at noon for food and rest. They traveled until 5:00 or 6:00 at night. Clara worked hard and tried to stay cheerful. After eight weeks and 680 miles, the wagon train reached Denver City on June 8, 1859. Until 1867, Denver was called Denver City. Clara didn't see any other black people when she arrived. In fact, the U. S. **census** listed only 23 black people living in Denver in 1860. Clara was one of the first black **pioneers** in the area.

A New Home in Colorado

Clara did her best to make Denver her new home. One of the first places Clara visited was the City Bakery restaurant. A German man named Henry Reitze owned the restaurant. Henry hired her as a cook. There she met many local people. She moved into an empty **cabin**, which she bought for $25. A short time later, she started a laundry business

This photograph of Larimer Street in Denver was made in 1862, three years after Clara arrived. Clara was one of the first black pioneers in the area.

using laundry machines she had brought from Kansas.

Clara was delighted when she met a **preacher** named Jacob Adriance. He had just moved to Denver, and Clara was determined to help him start a Methodist church. Many times, Clara brought homemade meals to Jacob and others who needed food. She also began holding **prayer meetings** in her tiny cabin.

Central City

In the spring of 1860, Clara moved 40 miles west to Central City. Central City was a mining town with almost 6,000 people. This move was another hard trip for Clara. Even in Denver, non-white people could not buy a ticket to ride on public transportation. Once again, Clara solved her problem. She paid a traveler from a wagon train to let her pretend to be his **servant**, so she could ride with him on the stagecoach. The first thing she did when she got to Central City was open a laundry business. The miners were happy to have a skilled laundress in town. Clara charged 50 cents for each piece of laundry she washed.

During the next few years, Clara's laundry business became very successful as Central City grew to almost 15,000 people. Some miners paid her by making Clara a part owner of their mines. Clara also used some of her laundry money to grubstake miners. A grubstake was a type of loan. The miner received money for supplies. If he was successful, the miner shared the money he made from mining. When the miners made money, so did Clara—a lot of money. Clara used her money to buy land and houses in Denver, Central City, and other towns. She also wanted to use her money to build a Methodist church and travel to Kentucky to look for her daughter, Eliza Jane. Although

Clara moved to Central City in 1860. She opened the first laundry business there. Clara charged 50 cents for each item she laundered. Her business was successful, and she used the money to buy houses in Denver.

she could not read or write, Clara's hard work and clever business sense helped her. By the mid-1860s, Clara had saved more than $10,000. People thought she was wealthy.

The local people learned that Clara not only worked hard, but she was also gentle and kindhearted. She became known as an "angel" because she helped people of all races.

Courtesy of DPL, Western History Collection, X-2766

St. James United Methodist Church, on the far right in the photograph, was one of the first churches in Colorado. When Clara moved to Central City in 1860, the church was only a year old. She gave money to the church to help it grow. St. James Church still stands at 123 Eureka in Central City.

Clara shared her money, a place to stay, home-cooked meals, and kind words and sympathy when people needed help. In 1890, the *Denver Republican* wrote, "She was always the first to nurse a sick miner or the wife of one, and her deeds of charity were numerous." Clara gave a lot of money to help build St. James Methodist Church in Central City. She also helped other Christian groups, such as the Episcopals, Baptists, Catholics, and Presbyterians.

Back to Kentucky

When the **American Civil War** ended in the spring of 1865, Clara traveled back to Kentucky to search for her daughter, Eliza Jane. This time, Clara bought her own ticket on a stagecoach, then one on a Union Pacific train with no trouble.

In Kentucky, Clara stayed with Mary Prue Brown, the daughter of the people who had owned her. Mary and her husband helped Clara write letters to anyone who might have seen or have information about Eliza Jane. Sadly, Clara did not find Eliza Jane. She felt that it was not God's purpose for her to find her daughter at this time. However, on her journey, she met many freed slaves who seemed lost and needed help.

At the age of 66, Clara planned and paid for a wagon train to take a group of these ex-slaves to her home in Colorado. Denver newspapers wrote about Clara's **generosity.** She and her group of black pioneers were warmly welcomed. Because of Clara's efforts, the black population of Central City doubled by July 1866, and many former slaves were helped.

Prayers Answered

By 1880, Clara's health had become very bad. Her friends and doctor wanted her to move back to Denver where winters were not as cold. Clara's money was almost gone. She had used it to take care of her neighbors and others in need, to build churches, and to pay for trips to search for her daughter. Denver had become an expensive city in which to live, but Clara's faith was strong. She often said she trusted the Lord would give her what she needed.

To Clara's surprise, someone gave her a wonderful little house. She could live there the rest of her life without paying rent. In 1881, the **Society of Colorado Pioneers** made Clara a member. Because she was a member, she received a little money every month for the rest of her life. It was quite an honor. Clara was the only woman of color to be named an official pioneer by the society.

As Clara's health got worse, she wondered when God would answer her lifelong prayer to see her daughter before she died. In 1882, a woman in Iowa wrote to Clara. In the letter, the woman wrote about someone who looked like Eliza Jane. Clara made one final train trip. This time, she found Eliza Jane. The reunion with her daughter was one of the most joyful times of Clara's life. Eliza Jane moved to Denver to take care of her mother during the last years of her life. Clara Brown died peacefully in her home on October 26, 1885. She was 85 years old.

A Life of Faith, Kindness, and *Perseverance*

Clara Brown had once been one of the richest women in Colorado. She is also remembered for her many friends and the great kindness she showed to people of all races. She always looked for the best in people and used her time, money, and talents to help others. Instead of focusing on her problems, she looked for solutions. No matter what troubles she faced, she trusted her faith in God to help her deal with things she could not control.

In an interview with a Denver newspaper reporter, she said, "Oh, child, just stop and think how our Blessed Lord was crucified. Think how He suffered. My little sufferings was nothing, honey, and the Lord, He gave me the strength to bear up under them. I can't complain." Clara Brown is an excellent example of the pioneer spirit and of kindness and caring for others. She gave whatever she had to those who needed her help. In the end, she received everything she needed in return.

Questions to Think About

- Why do you think that no one knows exactly when Clara Brown was born?

- Why was Clara separated from her husband and children?

- Why did Clara travel to Colorado?

- When Clara died, she was no longer rich. Where did all of Clara's money go?

Questions for Young Chautauquans

- Why am I (or should I be) remembered in history?

- What hardships did I face and how did I overcome them?

- What is my historical context (what else was going on in my time)?

Glossary

American Civil War: war in the United States between the North and the South fought between 1861 and 1865.

Cabin: small simple house, especially one made of wood in forests or mountain areas.

Census: official count of people done every 10 years by the U.S. government.

Freedom papers: papers that gave slaves the right to be free and not owned by another person.

Generosity: willingness to give money, help, or time.

Perseverance: determination to continue with something despite difficulties.

Pioneers: first people from other countries or regions to explore or settle new areas.

Prayer meetings: meetings in which people sing hymns and pray together.

Preacher: person who gives talks about religion or leads religious services.

Servant: person who is paid to do household tasks.

Slave: person forced to work for no payment and who is considered the property of the person for whom they work.

Slave-free territory: parts of the United States that were not yet states where slavery was not allowed.

Society of Colorado Pioneers: organization started in 1872 and made up of men who arrived in Colorado Territory before 1859.

Tragic: very unfortunate.

Timeline

1800
Clara was born a slave
in Virginia.

1803
Kentucky slave owner
bought Clara and her
mother.

1818
Clara married Richard, a
fellow slave, and eventually
had four children.

1835
Clara's family, including
daughter Eliza Jane, were
sold to different owners.
George Brown bought Clara.

1856
George Brown died, and
Clara was given her freedom.

1859
Clara joined a wagon train
to travel to Colorado.

1860
Clara moved to
Central City and opened
a laundry business.

Timeline

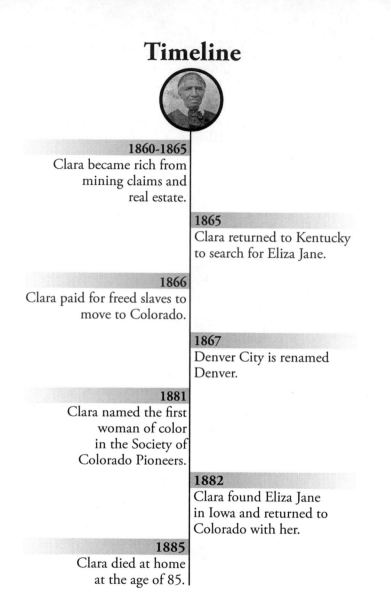

1860-1865
Clara became rich from mining claims and real estate.

1865
Clara returned to Kentucky to search for Eliza Jane.

1866
Clara paid for freed slaves to move to Colorado.

1867
Denver City is renamed Denver.

1881
Clara named the first woman of color in the Society of Colorado Pioneers.

1882
Clara found Eliza Jane in Iowa and returned to Colorado with her.

1885
Clara died at home at the age of 85.

Bibliography

Danneberg, Julie. *Amidst the Gold Dust: Women Who Forged the West*. Golden, Colorado: Fulcrum Publishing, 2001.

Donovan, Dorothy J. "Ex-Slave Aunt Clara Brown Ventured to the Colorado Gold Fields and Became a Wealthy Woman." *Wild West*. Vol. 11, February 1999.

Lowery, Linda. *One More Valley, One More Hill: The Story of Aunt Clara Brown*. New York: Random House, 2002.

Lowery, Linda. *Aunt Clara Brown: Official Pioneer*. Minneapolis: Carolrhoda Books, Inc., 1999.

Noel, Thomas J., Leonard, Stephen J., and Rucker, Kevin E. *Colorado Givers: A History of Philanthropic Heroes*. Niwot, Colorado: University Press of Colorado, 1998.

Shirley, Gayle C. *More Than Petticoats: Remarkable Colorado Women*. Guilford, Connecticut: Globe Pequot Press, 2002.

Index

About This Series

In 2008, Colorado Humanities and Denver Public Schools' Social Studies Department began a partnership to bring Colorado Humanities' Young Chautauqua program to DPS and to create a series of biographies of Colorado historical figures written by teachers for young readers. The project was called "Writing Biographies for Young People." Filter Press joined the effort to publish the biographies in 2010.

Teachers attended workshops, learned from Colorado Humanities Chautauqua speakers and authors, and toured three major libraries in Denver: The Hart Library at History Colorado, the Western History/Genealogy Department in the Denver Public Library, and the Blair Caldwell African American Research Library. Their goal was to write biographies using the same skills we ask of students: identify and locate high-quality sources for research, document those sources, and choose appropriate information from the resources.

What you hold in your hands now is the culmination of these teachers' efforts. With this set of age-appropriate biographies, students will be able to read and research on their own, learning valuable skills of research and writing at a young age. As they read each biography, students gain knowledge and appreciation of the struggles and hardships overcome by people from our past, the time period in which they lived, and why they should be remembered in history.

Knowledge is power. We hope this set of biographies will help Colorado students know the excitement of learning history through biography.

Information about the series can be obtained from any of the three partners:

Filter Press at www.FilterPressBooks.com

Colorado Humanities at www.ColoradoHumanities.org

Denver Public Schools at http://curriculum.dpsk12.org

Acknowledgments

Colorado Humanities and Denver Public Schools acknowledge the many contributors to the Great Lives in Colorado History series. Among them are the following:

The teachers who accepted the challenge of writing the biographies

Margaret Coval, Executive Director, Colorado Humanities

Josephine Jones, Director of Programs, Colorado Humanities

Betty Jo Brenner, Program Coordinator, Colorado Humanities

Michelle Delgado, K–5 Social Studies Coordinator, Denver Public Schools

Elma Ruiz, K–5 Social Studies Coordinator, Denver Public Schools, 2005–2009

Joel' Bradley, Project Coordinator, Denver Public Schools

Translation and Interpretation Services Team, Multicultural Outreach Office, Denver Public Schools

Nelson Molina, ELA Professional Development Trainer/Coach and School Liaison, Denver Public Schools

John Stansfield, storyteller, writer, and Teacher Institute lead scholar

Tom Meier, author and Arapaho historian

Celinda Reynolds Kaelin, author and Ute culture expert

National Park Service, Bent's Old Fort National Historic Site

Daniel Blegen, author and Bent's Fort expert

Blair-Caldwell African American Research Library

Coi Drummond-Gehrig, Denver Public Library, Western History/Genealogy Department

Jennifer Vega, Stephen H. Hart Library, History Colorado

Dr. Bruce Paton, author and Zebulon Pike expert

Dr. Tom Noel, author and Colorado historian

Susan Marie Frontczak, Chautauqua speaker and Young Chautauqua coach

Mary Jane Bradbury, Chautauqua speaker and Young Chautauqua coach

Dr. James Walsh, Chautauqua speaker and Young Chautauqua coach

Richard Marold, Chautauqua speaker and Young Chautauqua coach

Doris McCraw, author and Helen Hunt Jackson subject expert

Kathy Naples, Chautauqua speaker and Doc Susie subject expert

Tim Brenner, editor

Debra Faulkner, historian and archivist, Brown Palace Hotel

Kathleen Esmiol, author and Teacher Institute speaker

Vivian Sheldon Epstein, author and Teacher Institute speaker

Acknowledgments

Clara Brown

Pionera afroamericana

Clara Brown

Pionera afroamericana

Por Suzanne Frachetti

Filter Press, LLC
Palmer Lake, Colorado

Clara Brown
Pionera afroamericana

Por Suzanne Frachetti

Publicado por Filter Press, LLC, conjuntamente con las
Escuelas Públicas de Denver y Colorado Humanities

ISBN: 978-0-86541-124-1
LCCN: 2011924864

Producido con el apoyo de Colorado Humanities y la Fundación
Nacional para las Humanidades. Las opiniones, resultados,
conclusiones o recomendaciones expresadas en esta publicación,
no representan necesariamente las de la Fundación Nacional para
las Humanidades ni las de Colorado Humanities.

La fotografía de la portada es cortesía de Denver Publice Library,
Western History Collection, Z-275.

Impreso en los Estados Unidos de América

Serie Grandes vidas de la historia de Colorado

Para obtener información sobre los próximos títulos a publicarse, comuníquese con *info@FilterPressBooks.com*.

Helen Hunt Jackson por E. E. Duncan

Little Raven por Cat DeRose

Barney Ford por Jamie Trumbull

Doc Susie por Penny Cunningham

Enos Mills por Steve Walsh

William Bent por Cheryl Beckwith

Charles Boettcher por Grace Zirkelbach

Ralph Carr por E. E. Duncan

Josephine Aspinall Roche por Martha Biery

Robert Speer por Stacy Turnbull

Chief Ouray por Steve Walsh

Zebulon Pike por Steve Walsh

Clara Brown por Suzanne Frachetti

Una mujer de cuidado

Mucho antes de venir a Colorado, Clara Brown vio cómo vendían a su esposo y a sus tres hijos, como animales de granja, a diferentes dueños. ¿Volvería a ver a su familia alguna vez? Ella era una **esclava,** sin educación ni poder. ¿Cómo podría tener esperanza alguna de encontrarlos? Podría haberse enojado y amargado. Ella podría haber pasado el resto de su vida triste, desolada y sin esperanza. Sin embargo, Clara era una mujer bondadosa con una profunda fe en Dios y un deseo de ayudar a los demás. Utilizó sus aptitudes y talentos para mejorar sus condiciones de vida y las de las personas que la rodeaban. Nunca perdió la esperanza de volver a ver a sus seres queridos.

Sus primeros años de vida

Clara nació en esclavitud en Virginia, aproximadamente en el año 1800. Nunca supo la fecha exacta, ya que los esclavos no tenían actas de nacimiento. Cuando tenía alrededor de tres años de edad, un hacendado llamado Ambrose Smith compró a Clara y a su madre. Se mudaron con la familia de él a Kentucky. Ella nunca más vio a su padre, a sus hermanos ni a sus hermanas.

A los 10 años de edad, Clara ya había aprendido a preparar la cena, a coser, a lavar la ropa y a ayudar con las labores de la granja. Trabajaba arduamente. Tenía el deseo de aprender y ayudar. La familia Smith era amable con todos sus esclavos. Poco a poco, fueron apreciando a Clara. Incluso llevaban a Clara y a su madre con ellos a la iglesia los domingos. A la mayoría de los esclavos no se les permitía ir a la iglesia. Cuando Clara

era una niña, creyó haber escuchado a Dios hablarle durante uno de los servicios religiosos. A partir de ese momento, Clara tuvo la seguridad de que Dios la ayudaría a resolver cualquier problema al que se enfrentara durante su vida.

Cuando Clara tenía 18 años de edad, se casó con otro esclavo llamado Richard. Tuvieron cuatro hijos—Richard Jr., Margaret y las gemelas, Eliza Jane y Paulina Ann. La familia estaba feliz a pesar de que no eran libres. Se sentían afortunados porque sus dueños los trataban mejor de lo que los demás trataban a la mayoría de los esclavos. A diferencia de los Smith, muchos de los dueños maltrataban a sus esclavos. Las personas que nacieron dentro de la esclavitud no tenían control alguno de sus propias vidas ni sobre quienes serían sus dueños.

Cambios *trágicos*

Clara experimentó una tragedia en 1833. Su hija, Paulina Ann, se ahogó mientras jugaba en un arroyo. Tenía 8 años de edad. Clara estaba triste y oró a Dios para que la hiciera sentirse mejor.

Dos años después de la muerte de Paulina Ann, la vida de Clara cambió para siempre. Su amo, Ambrose Smith, murió. Su familia tuvo que vender la hacienda y a todos los esclavos. Las familias de esclavos casi nunca se vendían juntas. En cambio, se vendían por separado para obtener el máximo de ganancias. Inicialmente, Clara vio cómo vendían a su hija, Margaret. Después, un hombre del Sur compró al esposo de Clara y a su hijo mayor. Finalmente, vendieron a Eliza Jane, su hija menor de 10 años de edad. Su nuevo amo la puso en una carreta junto a las cosas que compró. Clara no sabía cómo afrontar la tristeza

terrible de perder a su familia. Una vez más, oró a Dios para que le otorgara fortaleza y consuelo.

George Brown era el nuevo amo de Clara. Era un hombre rico y amigo de Ambrose Smith. Poco a poco, Clara se ganó el respeto de la familia Brown, porque trabajaba arduamente y era bondadosa. Mientras estuvo con ellos, Clara llegó a ser conocida como la "Tía Clara". Los dueños de los esclavos generalmente llamaban a sus esclavas favoritas "tía" o "tita". Con la ayuda de los Brown, Clara se enteró de que su hija mayor, Margaret, se había enfermado y fallecido. Sin embargo, los Brown no pudieron encontrar a Eliza Jane, ni tampoco tenían información alguna sobre el esposo y el hijo de Clara.

En 1856, George Brown murió y a Clara se le otorgaron sus **documentos de libertad**. Como la mayoría de los esclavos, ella adoptó el apellido de su amo: Brown. A la edad de 56 años, inició una nueva vida.

Libertad

A pesar de que ella era libre, a Clara no se le permitía vivir con tantas libertades como a las personas blancas. Los esclavos liberados tenían que obedecer leyes especiales. Una ley declaraba que los esclavos libres debían abandonar Kentucky antes de que pasara un año. Si no se marchaban, se les vendería como esclavos nuevamente. Así que Clara trabajó, con pago, como ama de llaves para los amigos de los Brown en St. Louis, Missouri. Más adelante, se mudó con esa familia a Kansas. En cualquier lugar por donde pasaba, le preguntaba a la gente si habían visto a Eliza Jane. En Kansas, un **territorio libre de esclavitud**, Clara escuchó historias acerca de los traficantes de esclavos que secuestraban a los esclavos liberados y los llevaban a los estados con esclavitud para venderlos. Clara no quería que eso le sucediera a ella. En abril de 1859, se unió a un

Clara Brown viajó de Kansas a Denver en una caravana de carretas en 1859. Ella caminaba al costado y dormía debajo de una carreta en la noche. Era ilegal que ella, o cualquier otro afroamericano, viajar en la carreta con la caravana. El encargado de la caravana la dejó cocinar y lavar la ropa de los hombres para pagar por su viaje.

grupo itinerante de carretas, conocido como la caravana de carretas, que se dirigía hacia el oeste en dirección a Colorado. Cuando llegaron al este las noticias sobre el oro que se había encontrado en las Rocky Mountains (Montañas Rocosas), miles de personas abandonaron sus hogares para embarcarse en la ardua travesía hacia el oeste con la esperanza de hacerse ricos. Clara no estaba interesada en el oro, pero sí vio la oportunidad de buscar a su hija desde un lugar más seguro.

Viajar con una caravana de carretas en 1859 costaba alrededor de $550, lo cual era mucho dinero en aquella época. Aún si Clara obtuviese el dinero, era ilegal para las personas negras adquirir boletos para viajar en cualquier tipo de transporte público. Sin embargo, Clara tomó la decisión de irse e ideó un plan. El encargado de la caravana de carretas la dejó cocinar y lavar para los hombres de la caravana para pagar su boleto. Clara inició su viaje.

En el sendero de los pioneros

La vida en la caravana era ardua. Las mujeres y
los niños dormían en las carretas. Los hombres
dormían afuera en el suelo. Como mujer
negra, a Clara no se le permitía dormir en
las carretas. La mayoría de las noches dormía
en el suelo debajo de una carreta. Muchos
viajeros, entre ellos Clara, caminaban junto a
las carretas todo el día. Clara se despertaba a
las 4:00 a.m., a preparar el desayuno para unos
26 hombres y lavar y recoger la vajilla.

Las carretas estaban en camino a las 7:00
de la mañana. Se detenían al mediodía para
comer y descansar. Seguían viajando hasta
aproximadamente las 5:00 o 6:00 de la
tarde. Clara trabajaba arduamente y trataba
de mantenerse animada. Después de ocho
semanas y 680 millas de recorrido, la caravana
llegó a la Ciudad de Denver el 8 de junio
de 1859. Hasta 1867, Denver se llamaba la

Ciudad de Denver. Cuando Clara llegó, no vio a ninguna otra persona negra. De hecho, el **censo** de los Estados Unidos reportó que, en 1860, sólo había 23 personas negras en Denver. Clara fue una de las primeras **pioneras** negras en el área.

Un nuevo hogar en Colorado

Clara se esforzó por hacer de la ciudad de Denver su nuevo hogar. Uno de los primeros lugares que Clara visitó fue el restaurante City Bakery. El propietario del restaurante era un alemán llamado Henry Reitze. Henry la contrató como cocinera. En ese lugar conoció a mucha gente de la zona. Se mudó a una **cabaña** vacía, la cual le costó $25. Poco tiempo después, comenzó un negocio de

Cortesía de DPL, Western History Collection, X-19273

Esta foto de la calle Larimer en Denver fue tomada en 1862, tres años después de la llegada de Clara. Clara Brown llegó a ser una de las primeras pioneras negras en el área.

lavandería, con máquinas lavadoras que había adquirido en Kansas.

Clara se alegró mucho cuando conoció a un **predicador** llamado Jacob Adriance. Él acababa de mudarse a Denver y Clara tomó la determinación de ayudarle a iniciar una iglesia Metodista. A menudo, Clara les llevaba comidas caseras a Jacob y a otras personas que necesitaban alimentos. Además, comenzó a celebrar **reuniones para orar** en su diminuta cabaña.

Central City
(Ciudad de Central)

En la primavera de 1860, Clara se mudó 40 millas al oeste a Central City. Central City era un pueblo minero con casi 6,000 personas. Este traslado fue otro viaje muy duro para Clara. Incluso en Denver, a las personas de color no se les permitía comprar boletos para viajar en transporte público. Una vez más, Clara resolvió el problema. Le pagó a un viajero de una caravana de carretas para que le permitiera pretender que era su **sirvienta**, de modo que pudiera viajar con él en la diligencia. Lo primero que hizo al llegar a Central City fue abrir un negocio de lavandería. Los mineros estaban felices de contar con una experta lavandera en el pueblo. Clara cobraba 50 centavos por cada prenda de ropa que lavaba.

Durante los próximos años, el negocio de lavandería de Clara tuvo gran éxito ya que

la población de Central City aumentó a casi 15,000 habitantes. Algunos mineros hicieron a Clara copropietaria de sus minas, como forma de pago por sus servicios de lavandería. Clara también utilizó algo del dinero obtenido de la lavandería para subvencionar a los mineros. Una subvención era un tipo de préstamo. Los mineros recibían dinero para comprar suministros. Si tenían éxito, los mineros compartían el dinero que obtenían gracias a la minería. Cuando los mineros obtenían dinero,

Cortesía de DPL, Western History Collection, X-2655

Clara se mudó a Central City in 1860. Ella abrió el primer negocio de lavandería allí donde cobraba 50 centavos por cada prenda de ropa lavada. Su negocio tuvo éxito e invirtió su dinero en la compra de casas en Denver.

Clara también lo hacía—obtenía mucho dinero. Clara utilizó su dinero para comprar tierras y casas en Denver, Central City, y en otras ciudades. También quería usar su dinero para construir una iglesia Metodista y viajar a Kentucky para buscar a su hija, Eliza Jane. A pesar de que no sabía leer ni escribir, su trabajo arduo y su habilidad para los negocios

St. James Methodist Church (Iglesia Metodista de San Jaime), que aparece a la derecha de la fotografía, fue una de las primeras iglesias en Colorado. Cuando Clara se mudó a Central City en 1860, la iglesia solo tenía un año. Ella le dio dinero a la iglesia para ayudarla a crecer. St. James Methodist Church todavía está abierta en la dirección 123 Eureka en Central City.

la ayudaron mucho. A mediados de 1860, Clara había ahorrado más de $10,000. La gente la consideraba rica.

La gente del lugar no sólo estaba al tanto de que Clara trabajaba arduamente, sino también de su amabilidad y gran corazón. Llegó a ser conocida como un "ángel" porque ayudaba a las personas de todas las razas. Clara compartía su dinero, alojamiento, comidas caseras y palabras de aliento y simpatía, con quienes necesitaban ayuda. En 1890, el periódico *Denver Republican* escribió: "Ella siempre era "la primera en atender a los mineros enfermos o a sus esposas; sus actos de caridad fueron numerosos." Clara donó mucho dinero para ayudar a construir la St. James Methodist Church (Iglesia Metodista de San Jaime) en Central City. También ayudó a otros grupos cristianos, tales como los episcopales, bautistas, católicos y presbiterianos.

De regreso a Kentucky

Cuando finalizó la **American Civil War (Guerra Civil Estadounidense)** en la primavera de 1865, Clara viajó de regreso a Kentucky para buscar a su hija, Eliza Jane. En esta ocasión, Clara compró su propio boleto para viajar en la diligencia, y uno para el tren Union Pacific, sin ningún problema. En Kentucky, Clara se hospedó con Mary Prue Brown, la hija de la familia a la que había pertenecido como esclava. Mary y su esposo ayudaron a Clara a escribir cartas a todos los que podían haber visto o tener información sobre Eliza Jane. Lamentablemente, Clara no encontró a Eliza Jane. Ella creía que no estaba en el plan de Dios el que ella encontrara a su hija en ese momento. Sin embargo, en su travesía, conoció muchos esclavos liberados que parecían desorientados y necesitaban ayuda. A los 66 años de edad, Clara organizó y costeó una caravana de carretas para llevar a

un grupo de ex-esclavos a su casa en Colorado. Los periódicos de Denver escribieron sobre la **generosidad** de Clara. Ella y su grupo de pioneros negros recibieron una bienvenida afectuosa. Debido a los esfuerzos de Clara, la población negra de Central City se había duplicado para julio de 1866, y muchos esclavos del pasado fueron ayudados.

Respuesta a sus plegarias

Para 1880, la salud de Clara se había deteriorado mucho. Sus amigos y el médico querían que se mudara de nuevo a Denver donde los inviernos no eran tan fríos. El dinero de Clara casi se había acabado. Ella lo había utilizado para cuidar de sus vecinos y de otros necesitados, para construir iglesias y para pagar los viajes en búsqueda de su hija. Denver se había transformado en una ciudad costosa para vivir, pero la fe de Clara era sólida. A menudo, decía que confiaba en que el Señor le daría lo que necesitara.

Para sorpresa de Clara, alguien le regaló una casa pequeña y preciosa. Pudo vivir el resto de su vida allí sin pagar alquiler. En 1881, la **Society of Colorado Pioneers (Sociedad de Pioneros de Colorado)** acogió a Clara como miembro. Debido a que ella era miembro, recibió una pequeña suma mensual de dinero

por el resto de su vida. Era un gran honor. Clara fue la única mujer de color en recibir la denominación oficial de pionera de parte de la sociedad.

En vista de que su salud se deterioraba aún más, Clara se preguntaba cuándo Dios contestaría su eterna plegaria, de ver a su hija, antes de morir. En 1882, una mujer de Iowa le escribió a Clara. En la carta la mujer escribió acerca de alguien que se parecía a Eliza Jane. Clara realizó su último viaje por tren. Esta vez, encontró a su hija Eliza Jane. La reunión con su hija fue uno de los momentos más felices de la vida de Clara. Eliza Jane se trasladó a Denver para cuidar de su madre durante sus últimos años de vida. Clara Brown murió en paz en su casa el 26 de octubre de 1885. Tenía 85 años de edad.

Una vida de fe, bondad y *perseverancia*

Clara Brown había sido una de las mujeres más ricas de Colorado. También se le recuerda por sus numerosos amigos y por la bondad que les demostraba a las personas de todas las razas. Siempre se centraba en las virtudes de la gente y utilizó su tiempo, dinero y talentos para ayudar a los demás. En lugar de enfocarse en sus problemas, buscaba soluciones. Sin importar los problemas a los que se enfrentara, confiaba en que su fe en Dios la ayudaría a lidiar con lo que estuviera fuera de su control.

Durante una entrevista que le hizo un periodista de un periódico de Denver, ella dijo: "Oh, hijo, sólo detente y piensa cómo crucificaron a nuestro Dios Bendito". Piensa en cómo sufrió. Mis pequeños sufrimientos no han sido nada, querido; el Señor me dio la fuerza para soportarlos. No puedo quejarme".

Clara Brown es un excelente ejemplo del espíritu de los pioneros y de la bondad y cuidado por los demás. Entregó todo lo que tenía a aquellos que necesitaron su ayuda. Al final, ella recibió todo lo que necesitaba a cambio.

Preguntas en qué pensar

- ¿Por qué crees que nadie sabe exactamente cuándo nació Clara Brown?

- ¿Por qué Clara fue separada de su esposo e hijos?

- ¿Por qué Clara viajó a Colorado?

- Cuando Clara murió, ya no era rica. ¿A dónde fue a parar todo el dinero de Clara?

Preguntas para los Jóvenes Chautauquans

- ¿Por qué se me recuerda (o debo ser recordado) a través de la historia?

- ¿A qué adversidades me enfrenté y cómo las superé?

- ¿Cuál es mi contexto histórico? (¿Qué más sucedía en la época en que yo vivía?)

Glosario

American Civil War (Guerra Civil Estadounidense): guerra en los Estados Unidos entre el Norte y el Sur entre 1861 y 1865.

Cabaña: casa pequeña y sencilla, especialmente aquélla hecha de madera en bosques o en áreas montañosas.

Censo: conteo oficial de la población, realizado por el gobierno de los Estados Unidos cada 10 años.

Documentos de libertad: documentos que otorgan a los esclavos el derecho a ser libres y a no ser propiedad de otra persona.

Esclavo: alguien a quien se le obliga a trabajar sin paga y a quien se considera propiedad de la persona para quien trabaja.

Generosidad: deseo de dar dinero, ayuda o tiempo.

Perseverancia: determinación de continuar con algo, pese a las dificultades.

Pioneros: primeras personas de otros países o regiones que exploran o se establecen en nuevas áreas.

Predicador: persona que habla sobre religión o lidera un servicio religioso.

Reuniones para orar: reuniones en las cuales la gente canta himnos y ora junta.

Sirviente: persona a la que se le paga para realizar labores domésticas o del hogar.

Society of Colorado Pioneers (Sociedad de Pioneros de Colorado): organización que comenzó en 1872 y que estaba conformada por hombres que llegaron al territorio de Colorado antes de 1859.

Territorio libre de esclavitud: partes de los Estados Unidos que aún no eran estados en donde no se permitía la esclavitud.

Trágico: muy desafortunado.

Línea Cronológica

1800
Clara nació bajo la
esclavitud en Virginia.

1803
Clara y su madre fueron
compradas por un
propietario de esclavos
en Kentucky.

1818
Contrae se casó con
Richard, un compañero
esclavo; eventualmente,
tuvieron cuatro hijos.

1835
La familia de Clara,
incluyendo su hija Eliza
Jane, fue vendida a diferentes
dueños. George Brown
compró a Clara.

1856
George Brown murió y a
Clara se le dio la libertad.

1859
Clara se unió a una
caravana de carretas para
viajar a Colorado.

1860
Clara se trasladó a Central
City donde abrió un
negocio de lavandería.

Línea Cronológica

1860-1865
Clara llegó a ser rica gracias a las concesiones de la minería y a los bienes raíces.

1865
Clara regresó a Kentucky para buscar a Eliza Jane.

1866
Clara costeó el traslado de esclavos liberados a Colorado.

1867
Le dieron a la Ciudad de Denver el nombre de Denver.

1881
Clara fue la primera mujer de color en la Society of Colorado Pioneers) Sociedad Pionera de Colorado.

1882
Clara encontró a Eliza Jane en Iowa y regresaron juntas a Colorado.

1885
Clara murió a la edad de 85 años.

Bibliografía

Danneberg, Julie. *Amidst the Gold Dust: Women Who Forged the West*. Golden, Colorado: Fulcrum Publishing, 2001.

Donovan, Dorothy J. "Ex-Slave Aunt Clara Brown Ventured to the Colorado Gold Fields and Became a Wealthy Woman." *Wild West*. Vol. 11, February 1999.

Lowery, Linda. *One More Valley, One More Hill: The Story of Aunt Clara Brown*. New York: Random House, 2002.

Lowery, Linda. *Aunt Clara Brown: Official Pioneer*. Minneapolis: Carolrhoda Books, Inc., 1999.

Noel, Thomas J., Leonard, Stephen J., and Rucker, Kevin E. *Colorado Givers: A History of Philanthropic Heroes*. Niwot, Colorado: University Press of Colorado, 1998.

Shirley, Gayle C. *More Than Petticoats: Remarkable Colorado Women*. Guilford, Connecticut: Globe Pequot Press, 2002.

Índice

Sobre esta serie

En 2008, Colorado Humanities y el Departamento de Estudios Sociales de las Escuelas Públicas de Denver (DPS) iniciaron una asociación para ofrecer el programa Young Chautauqua de Colorado Humanities en DPS y crear una serie de biografías de personajes históricos de Colorado escritas por maestros para jóvenes lectores. Al proyecto se le llamó "Writing Biographies for Young People." Filter Press se unió al esfuerzo para publicar las biografías en 2010.

Los maestros asistieron a seminarios, aprendieron de conferenciantes y autores Chautauqua de Colorado Humanities y recorrieron tres grandes bibliotecas de Denver: La Biblioteca Hart en History Colorado, el Departamento de Historia del Oeste/Genealogía de la Biblioteca Pública de Denver y la Biblioteca Blair-Caldwell de Investigaciones Afro-americanas. La meta era escribir biografías usando las mismas aptitudes que les pedimos a los estudiantes: identificar y ubicar fuentes de información de alta calidad para la investigación, documentar esas fuentes de información y seleccionar la información apropiada contenida en las fuentes de información.

Lo que tienes ahora en tus manos es la culminación de los esfuerzos de estos maestros. Con esta colección de biografías apropiadas para los jóvenes lectores, los estudiantes podrán leer e investigar por sí solos, aprender aptitudes valiosas para la investigación, y escribir a temprana edad. Mientras leen cada una de las biografías, los estudiantes obtienen conocimientos y aprecio por los esfuerzos y adversidades superadas

por la gente de nuestro pasado, el período en el que vivieron y el porqué deben ser recordados en la historia.

El conocimiento es poder. Esperamos que este conjunto de biografías ayude a que los estudiantes de Colorado se den cuenta de la emoción que se siente al aprender historia a través de las biografías.

Se puede obtener información sobre esta serie de cualquiera de estos tres socios:

Filter Press en www.FilterPressBooks.com

Colorado Humanities en www.ColoradoHumanities.org

Escuelas Públicas de Denver en http://curriculum.dpsk12.org

Reconocimientos

Colorado Humanities y las Escuelas Públicas de Denver hacen un reconocimiento a las muchas personas y organizaciones que ha contribuido para hacer realidad la serie Grandes vidas en la Historia de Colorado. Entre ellas se encuentran:

Los maestros que aceptaron el reto de escribir las biografías

Margaret Coval, Directora Ejecutiva de Colorado Humanities

Josephine Jones, Directora de Programas de Colorado Humanities

Betty Jo Brenner, Coordinadora de Programas de Colorado Humanities

Michelle Delgado, Coordinadora de Estudios Sociales para kindergarten a 5º grado, de las Escuelas Públicas de Denver

Elma Ruiz, Coordinadora de Estudios Sociales 2005-2009, para kindergarten a 5º grado, de las Escuelas Públicas de Denver

Joel' Bradley, Coordinador de Proyectos de las Escuelas Públicas de Denver

El equipo de Servicios de Traducción e Interpretación, de la Oficina de Enlaces Multiculturales de las Escuelas Públicas de Denver

Nelson Molina, Preparador/entrenador del programa de Capacitación Profesional de ELA y Persona de Enlace Escolar de las Escuelas Públicas de Denver

John Stansfield, narrador de cuentos, escritor y líder experto del Instituto para maestros

Tom Meier, autor e historiador de los Arapaho

Celinda Reynolds Kaelin, autora y experta en la cultura Ute

National Park Service, Sitio Histórico Nacional Bent's Old Fort

Daniel Blegen, autor y experto en Bent's Fort

Biblioteca de Investigaciones Afroamericanas Blair-Caldwell

Coi Drummond-Gehrig, Departamento de Historia/ Genealogía Occidental de la Biblioteca Pública de Denver

Jennifer Vega, Biblioteca Stephen H., de History Colorado

Dr. Bruce Paton, autor y experto Zebulon Pike

Dr. Tom Noel, autor e historiador de Colorado

Susan Marie Frontczak, oradora chautauqua y capacitadora de la Juventud Chautauqua

Mary Jane Bradbury, oradora chautauqua y capacitadora de la Juventud Chautauqua

Dr. James Walsh, orador chautauqua y capacitador de la Juventud Chautauqua

Richard Marold, orador chautauqua y capacitador de la Juventud Chautauqua

Doris McCraw, autora y experta en materia de Helen Hunt Jackson

Kathy Naples, oradora chautauqua y experta en materia de Doc Susie

Tim Brenner, editor

Debra Faulkner, historiadora y archivista, Hotel Brown Palace

Kathleen Esmiol, autora y oradora del Instituto de Maestros Vivian Sheldon Epstein, autora y oradora del Instituto de Maestros